LE
TRAVAIL ET L'IMPOT.

BASE UNIQUE :

La justice pour tous, et pour tous la même protection.

La nécessité du travail, ce n'est point de travailler; la nécessité du travail, c'est l'économie qui en est le fruit : or, le travail qui ne produit point d'économie, est comme un remède mal appliqué : il fatigue ou tue, mais il ne peut soulager.

A PARIS,

CHEZ JULES-JUTEAU ET Cⁱᵉ,

IMPRIMEURS, RUE SAINT-DENIS, 345, ET PASSAGE DU CAIRE, 96.

1848

ORGANISATION
DES BÉNÉFICES DU TRAVAIL

AU

Point de vue Moral, Politique et Financier.

Le travail peut nourrir l'homme, mais l'homme se crée des besoins ; quand il a vieilli, ses forces l'abandonnent, et le travail ne peut plus suffire de garantie à son indépendance et à ses besoins.

Assurer à l'homme, son indépendance, jusque dans la vieillesse, tel est mon but.

L'organisation du travail, n'est pas possible, comprise dans un système général : mais, *l'organisation des bénéfices du travail*, est possible, et c'est sur cela que je m'appuie, pour prouver la force et la nécessité de mon système, mis en vigueur par une loi. Je dirai donc :

Il est possible de créer des associations pour les travailleurs, industriels, commerçants, ouvriers, employés et à gages. Je dirai mieux : tous les travailleurs, hommes, femmes et enfants, peuvent être compris dans un même système d'association, sans qu'il soit besoin de les classer, comme on l'a proposé, par catégories de professions et de genre de travail différents ; car un système d'association qui aurait pour but d'intéressser un nombre déterminé de citoyens, pris dans une branche d'industrie, pour l'association des patrons ; ou dans un certain genre de travail, pour l'association des travailleurs ; ou bien enfin dans un certain nombre de travailleurs de genres différents ; ne pourrait que léser beaucoup d'intérêts, et n'aurait aucun bon résultat ; voici pourquoi :

Rien n'est parfaitement semblable dans la nature, ni les idées des hommes, ni même aucune chose ; il résulte toujours de là, que les hommes ne peuvent s'entendre sur la marche qu'ils doivent prendre en commun, pour leur intérêt particulier.

Rien de plus difficile encore que de faire cesser la concurrence sur une industrie, quand tous les citoyens qui l'exploitent, ne sont pas réunis de cœur et d'action ; c'est-à-dire, quand il se trouve à côté de cette société, des hommes qui ne veulent pas faire cause commune, cherchant ainsi à faire tourner à leur profit, la concurrence qu'ils veulent établir en dehors, bien que cette concurrence n'ait souvent d'autre résultat, que la ruine complète du concurrent lui-même; et qu'ainsi l'abaissement de la main d'œuvre, ne laissant rien à gagner au travailleur, il ne peut voir en perspective, que la misère, quand elle ne l'atteint pas en réalité.

Je ne suis point de l'avis du citoyen D.... M...., qui annonce comme possible, dans sa circulaire aux électeurs, l'organisation du travail, sous le point de vue, — « *de la magnanimité des ouvriers et des patrons.* »— C'est ici une erreur des plus grandes, et je vais le démontrer.

Un tel moyen d'organisation humilierait le travailleur qui recevrait au-delà de son salaire, et les citoyens deviendraient de vils serviteurs, sans liberté d'action; ce serait déflorer, le principe d'indépendance et de fierté qui existe chez l'homme. Ce moyen, si c'en est un, n'est pas même possible dans la proportion de un pour cent pour l'application, ni pour les ouvriers ni pour le patron; je puis en donner une preuve entre mille.

Quand l'industriel perd sa fortune, dans un moment de crise commerciale, et qu'il abandonne tous ses ouvriers, par la force des circonstances; il laisse de malheureux pères de famille, dans une position, qui devient quelquefois affreuse : car, si pendant le travail ordinaire, le père de famille ouvrier, peut avec difficulté, apaiser la faim de ses enfants, par l'achat de quelques légumes à bas prix, c'est parce que souvent, pour lui comme pour ses enfants, le pain devient un mets... Quel est alors sa position, quand son patron est ruiné, et quelle magnanimité peuvent-ils donc posséder, quand il s'agit pour les uns et pour les autres, de ne pas mourir de faim ?... Avant d'avancer de belles paroles, il faut s'assurer des situations; il faut que l'homme dans tous les temps, soit dans le possible de l'égalité et de la fraternité, qui n'admet point l'aumône pour les citoyens valides. C'est dégrader la nature humaine, que de reconnaître l'homme, incapable de suffire à ses besoins et à ceux de sa famille : en effet, tous les citoyens reconnaîtront que la société a besoin de bases solides pour son organisation, et que, quand il s'agit de pourvoir à l'organisation du travail et à la position de chacun des membres de la grande famille des travailleurs, les belles paroles et les beaux sentiments ne sont point les bases solides qu'il faut développer; la question est des plus sérieuses à examiner, elle est de la plus haute importance, pour l'État et les citoyens; car il faut qu'elle soit résolue avec justice, équité et fraternité pour tous; elle est l'avenir de la République, et doit entrer en première ligne, comme besoin indispensable, même pour les finances, et être discutée par préférence sur toutes choses.

Ce n'est donc point avec des moyens insignifiants que nos représentants pourraient offrir une garantie à la nation, ni par de belles paroles, qu'ils pourraient montrer l'aptitude nécessaire, à concevoir ce qu'il faut faire, également et fraternellement, pour le bonheur de tous.

Jusqu'ici, on a vainement cherché le moyen d'éteindre la concurrence intérieure, qui fait le malheur du peuple, et en dépit des libres échangistes, qui par leur système ruineraient inévitablement le pays, on a proposé l'association, comme le meilleur moyen d'éteindre cette concurrence, qui met continuellement l'ouvrier dans la misère, qui ruine les chefs d'industrie, et qui par contre-coup, remonte dans toute la société et y laisse souvent de profondes blessures.

Pour soulager l'industrie et occuper les travailleurs, on a encore proposé, comme un moyen de salut : « *d'activer la production pour gagner davantage.* »

Cette erreur est encore au moins des plus grandes, car en Angleterre la production est immense ; aussi la plupart des habitants sont-ils très malheureux , puisque le sixième de la population y vit de la charité publique. Il en est de même dans la Saxe, et en France dans les départements du Nord et de la Seine-Inférieure, qui sont cependant les plus riches en revenu et les plus avancés en industrie ; on y cherche toujours les moyens, pour augmenter les affaires, d'activer la production et de diminuer la main-d'œuvre.

Il est donc certain que la grande quantité de produits manufacturés, amène des résultats fâcheux sur la population et principalement sur les travailleurs ; cette quantité occasionne une dépréciation sur le cours ordinaire des marchandises et anéantit aussi le bénéfice de l'ouvrier sur la main-d'œuvre, qui est le seul revenu du peuple et son unique salut d'existence. Ainsi, avant de trouver le moyen de réduire la main-d'œuvre par la production, il faudrait trouver le moyen de réduire la somme d'aliments nécessaire pour vivre, car si le *bénéfice du travail* est le seul revenu et le seul aliment du peuple, il ne peut donc pas être réduit sans qu'il en souffre, et, s'il est supprimé, il est évident que le travailleur ne peut plus exister que par la charité publique, et qu'ainsi sans le vouloir, on amènerait par l'application exagérée d'un système dangereux, le retour de la dépendance individuelle et l'anéantissement matériel des droits d'égalité, de liberté et même de fraternité.

Le taux élevé, au contraire, des marchandises et des propriétés fait la fortune du pays, et cela est si vrai qu'il m'est presque inutile de le démontrer ; cependant je dirai : que la dépréciation de toutes les valeurs, marchandises, rentes, actions, propriétés, etc., les frappent de stérilité et empêche toutes les transactions, quoique chacun de ces objets reste toujours le même. Cela s'explique par la réduction un peu idéale et momentanée, de la fortune particulière de chaque citoyen ; personne alors n'est heureux et tous les objets suivent le même cours ; jusqu'à la main-d'œuvre qui étant abaissée, rend les transactions presque impossibles, parce que chacun est frappé de stupeur en présence de la réduction de son actif, car jamais le raisonnement général n'a vu en pareilles circonstances, que l'abaissement du prix de toutes choses n'était que momentané,

Il est donc bien prouvé que plus les objets ont de valeur plus ils sont recherchés et mieux ils se vendent à l'intérieur. C'est pour cela que j'ai recherché avec le plus grand soin, le moyen applicable en principe général, de pouvoir répartir sur la masse, *un peu à chaque travailleur,* du bénéfice des produits manufacturés, et de donner ainsi, à tous les citoyens, l'égalité du droit et la possibilité de pouvoir acquérir, *sans surplus de peine*, une position proportionnée à leur travail, position impérissable, hors le seul cas où le citoyen, quel qu'il soit, faillirait à ses engagements, et c'est sur ce dernier point que je m'appuie principalement, pour démontrer toute la force et toute la moralité de cette organisation.

Je vais maintenant résoudre ce problème du travail, par une application simple, facile et avantageuse au peuple entier, je poserai ensuite les bases du contrat social, pour fonder une garantie d'exécution, qui devient indispensable en général et qui ne froisse aucun intérêt particulier. Je veux enfin prouver, par ce système d'organisation, quel en est l'excellence, au point de vue moral, matériel, financier, patriotique et indispensable à la civilisation actuelle.

Par mon système d'organisation, je veux : que le citoyen sans intelligence, comme sans moyens pécuniers, puisse se créer une retraite.

Que l'homme malhonnête, même sans fortune, offre malgré lui une garantie à ses créanciers.

Que le *crédit*, pour l'industriel, l'ouvrier, le commerçant et l'État, soit *en raison des fonds de réserve* qui deviennent une garantie, presque immédiatement à son apogée.

Le crédit seul, au besoin, serait la fortune d'un pays : quand le crédit est assuré la confiance est large, tous les objets ont plus de valeur, le numéraire circule et partout l'activité existe.

Je veux enfin que la République Française devienne, sans aucun sacrifice, la plus riche et la plus puissante du monde.

CONTRAT SOCIAL

ou

PRINCIPES D'ORGANISATION SUR LES BÉNÉFICES DU TRAVAIL.

Un compte sera ouvert dans la commune de résidence de chaque citoyen, pour y porter en compte ses bénéfices et lui créer une retraite.

Le trésor paiera l'intérêt, à deux pour cent l'an, sur le montant des sommes déposées.

Les bénéfices pourront être placés en immeubles, au nom et sur la demande du propriétaire, mais ils resteront grevés sous la garantie de l'État.

Le versement des bénéfices sera constitué par l'État, en un capital de retraite ou fonds de réserve, grossi des intérêts à deux pour cent l'an pour tous les travailleurs.

Un livre-journal sera tenu par tous les citoyens patentés, conformément à la loi. Ce livre contiendra l'insertion de tous les objets manufacturés, formant le montant de toutes les transactions à la sortie. L'addition de toutes les affaires se continuera pendant un mois; elle sera reportée de jour en jour en tête de chaque page, et arrêtée à la fin de chaque mois.

Tous industriels et marchands de produits manufacturés, seront tenus de verser au receveur de leur arrondissement, *cinq pour cent* du produit brut de toutes leurs transactions. Ils justifieront tous les mois de ces transactions, en venant apporter leur journal, et ne seront tenus à verser ces cinq pour cent de réserve que quatre mois après, et ainsi de suite, par douzièmes, et de mois en mois.

Tous citoyens travailleurs, ouvriers, employés et à gages, seront tenus de laisser entre les mains de leurs patrons, dix pour cent sur le produit de leur salaire; le patron en sera responsable auprès du receveur, et justifiera de l'exactitude de son versement, tous les mois, par un livre tenu exprès.

Tout travailleur, changeant de maison ou d'atelier, sera tenu dans la huitaine, d'en faire sa déclaration au receveur de sa commune, et d'indiquer sa nouvellle adresse, les dates précises de sa sortie, de sa rentrée, et le taux de son salaire.

Le travailleur ouvrier ne pourra pas jouir de sa retraite, avant l'âge de quarante ans; cependant, s'il veut s'établir et prendre une patente, son capital pourra lui être remis, à l'âge de trente ans révolus.

Le commerçant ou l'industriel pourra jouir de son capital de retraite, après le même âge.

En cas de décès, le capital du travailleur décédé, sera porté au compte de chacun de ses héritiers, dans la proportion de leurs droits.

Aucun capital de réserve ne sera remis à son propriétaire avant la publication légale, et la justification par ce dernier, qu'il n'a point de créanciers.

En cas de faillite, le capital de réserve sera remis immédiatement aux créanciers, et réparti en proportion de leurs droits.

Toute infraction à ces principes sociaux sera punie d'une amende de dix pour cent, prise sur la masse du citoyen puni, et confisquée au profit du trésor.

Toute production de faux livres, et autres faux, sera en outre punie suivant la loi.

DÉVELOPPEMENTS. — APPLICATION.

Le prélèvement est *indispensable, au taux de cinq pour cent,* sur toutes les transactions de produits manufacturés; il sera donc ajouté par les industriels et les commerçants, sur le prix de chaque objet, car s'il était moindre, il pourrait ne pas être ajouté, et entraînerait d'une manière insensible à la faillite, et par conséquent à la perte, pour le commerçant et l'industriel, de tout son fonds de réserve.

En présence d'une punition qui serait appliquée à tout citoyen, parce qu'il ne voudrait pas comprendre son intérêt particulier, on doit être sûr, avec la loi, de le lui faire comprendre.

La crainte de perdre son capital est une garantie pour la société, sous le rapport de la gestion loyale, fraternelle, et ne faisant point concurrence, quant aux cinq pour cent à ajouter ; c'est aussi une garantie pour la justice, au point de vue moral ; car la loi atteint tous les citoyens, et chacun d'eux doit supporter la conséquence de ses actes, et être frappé, en cas de dettes exigibles, sur toutes ses propriétés.

Ainsi donc il résulte, que par le contrat social d'organisation, la concurrence est éteinte partout, quant aux cinq pour cent prélevés pour assurer une retraite à l'industriel et au commerçant.

Que la concurrence est de même éteinte partout, quant aux dix pour cent prélevés pour le même objet sur le salaire, augmenté de dix pour cent, des travailleurs ouvriers, employés et à gages.

Que l'ouvrier qui gagne aujourd'hui deux francs par jour, gagnera deux francs vingt centimes, mais ne pourra toucher que deux francs ; ces dix pour cent ne pouvant lui venir en aide, il y aura donc force majeure dans tous les temps pour que le salaire qu'il touchera reste toujours basé sur les besoins du moment.

Cette méthode n'est point applicable aux produits de la nature, servant à la nourriture de l'homme et des animaux ; elle est spécialement établie pour les travailleurs, et ne peut être appliquée, relativement au commerce, que sur les objets manufacturés.

C'est ici seulement que se trouve le contrat social d'une nation, ce contrat fait le bonheur de tous, sans exception, en rendant les forces égales pour éteindre la concurrence, et en augmentant faiblement le prix de chaque produit pour la consommation intérieure.

Les citoyens devront acheter, tout aussi bien, des meubles et des vêtements plus ou moins fins ; en suivant la proportion de leur fortune, ils pourront de même à volonté satisfaire le luxe ou l'économie.

Si briller un peu plus, en proportion de sa fortune, a été jusqu'ici un bienfait pour l'industrie, et un orgueil pour la richesse : maintenant, briller un peu moins pour la richesse, n'attaque point le droit de briller, suivant ses moyens et ses désirs, mais seulement il résulte, qu'avec le contrat d'organisation, sur les bénéfices du travail, les travailleurs toucheront la différence des bénéfices dont jouissait la richesse sur les produits manufacturés ; le prix de ces produits sera cependant augmenté, pour le travailleur lui-même, mais pour une faible part, quoique proportionnée à sa fortune relative ; car la dépense du travailleur repose principalement sur les aliments et vêtements strictement nécessaires.

C'est encore ici comme toujours que doit se rencontrer, dans des principes d'organisation, l'égalité pour tous ; toutes les sociétés établies ne peuvent représenter qu'une fraction de citoyens ; le bénéfice de leur organisation ne peut appartenir qu'à leur société, et ce bénéfice ne peut avoir lieu, sans déplacer et froisser quelques intérêts particuliers, par cela même qu'il augmente un produit et ne peut en éteindre la concurrence qui se fait ailleurs, concurrence qui peut elle-même, renverser cette société par une production à meilleur marché.

Toutes les fractions socialistes doivent donc se confondre et se donner la main, pour embrasser à toujours les sympathies républicaines, qui commandent la fraternité, sans exclusion ; elles doivent s'incliner devant un principe unique, qui les comprend toutes, et qui vient également les protéger et leur offrir une meilleure garantie que celle qu'ils pouvaient espérer. On ne peut admettre les charges inégales ; ce qui peut frapper un seul citoyen, doit frapper la masse entière, et dans une proportion relative ; autrement, rien de solide et rien de bon , rien de grand ne peut exister.

EXPORTATION.

Pour favoriser le bas prix des produits manufacturés et pouvoir exporter à bon compte sur les marchés étrangers, il faut abolir les droits d'entrée sur presque toutes les matières premières, et conserver tous les droits protecteurs sur les marchandises étrangères manufacturées, pour empêcher l'étranger de venir nous apporter ses produits, et laisser ainsi à nos ouvriers, tout le bénéfice de la consommation intérieure. Cette question a été long-temps agitée, et la loi commerciale, imparfaite et impopulaire, est restée beaucoup au-dessous du bien qu'elle pouvait produire.

L'exportation des produits nationaux, peut être encore favorisée par une prime de quinze pour cent de la valeur; accordée sur ces mêmes produits; cette prime serait d'une grande importance, car aux yeux de l'étranger, il y aurait avantage à nous faire des commandes, surtout, si les droits étaient abolis sur l'entrée des matières premières.

C'est encore un but économique qui vient en aide au peuple, que l'achat des matières premières à bas prix; cependant, il faut protéger nos fermiers, qui récoltent des laines, mais dans une proportion toujours décroissante, et laisser ainsi à l'industrie, la possibilité de faire grandement concurrence à l'étranger.

Si la prime de quinze pour cent, accordée à l'exportation, paraît d'abord onéreuse à l'État, n'oublions pas que d'un autre côté, le commerce par l'affluence de ses capitaux, amènerait dans nos finances *une économie* annuelle de *cent cinquante millions* environ, pour la différence de l'intérêt de cinq pour cent, réduit à deux pour cent, par l'application de ces principes, et l'économie serait encore plus grande les années suivantes ; en sorte que le commerce rendrait plus à l'Etat, sur ce seul point d'économie d'intérêt, qu'il n'en pourrait recevoir sur tous les autres.

GARANTIES QUE DONNENT LA PROSPÉRITÉ.

Le bonheur du peuple est une garantie pour la propriété; car la concurrence intérieure fait la misère; la misère fait les révolutions, et les révolutions font un désastre immense sur toutes les fortunes.

La société est ainsi existante, que tout s'enchaîne sans le vouloir, que toutes les positions, même isolément, sont dépendantes les unes des autres; c'est ainsi, comme je l'ai déjà dit, que le mal remonte dans toute la société, et que souvent le capitaliste et même le petit rentier, voit sa fortune dépendre de la prospérité des affaires; car, combien est-il de citoyens qui ont des intérêts commerciaux, ne serait-ce que par le placement de quelques fonds confiés dans leur famille, quand il s'y trouve des commerçants et des industriels. C'est encore par un enchaînement d'intérêts sociaux, que le travailleur peut compter sur un travail sûr et continuel, quand l'industriel qui l'occupe est lui-même dans une belle position; car dans un temps où les capitaux sont rares, il est prouvé que c'est toujours le moment où l'ouvrier est aussi le moins heureux; parce que l'industriel, s'il se ruine, ferme ses ateliers, et abandonne par la force des choses, tous les travailleurs qu'il voudrait occuper.

Le gouvernement et les ouvriers, sont impuissants pour distribuer le travail, de même qu'un général et une armée sont impuissants pour vaincre sans armes. Industrie!... ce mot renferme l'avenir de la France; protégez-la donc en tous temps, par une garantie certaine; c'est une bonne part du problème à résoudre, car l'industriel dirige seul l'industrie; il tient le travail dans sa main; il en est le soutien et la force même, la seule applicable et possible, comme l'arme dans la main du soldat est l'instrument de la victoire.

Les grandes fortunes naissent peu de l'industrie proprement dite; la plupart des richesses sont dues au hasard de la spéculation, à l'achat d'immeubles, de rentes, ou de toute autre chose.

Les labeurs de l'industriel et du marchand en gros, sont remplis d'inquiétudes et le plus souvent, il n'est pas récompensé de ses peines: il se ruine aussi souvent qu'il s'enrichit; il éprouve des faillites; il est accablé de charges et d'impôts extraordinaires, qu'il ne peut ou ne sait point calculer, pour les ajouter au prix de revient de ses marchandises; ces charges, en causant sa ruine, amènent aussi le malaise général, ainsi que je l'ai démontré.

Si tout ceci est bien prouvé, pourquoi donc conserver : — la patente, — le timbre sur les effets et lettres de voitures, — les frais énormes de faillites, protêts, jugements, enregistrements, etc., etc., dont l'ensemble peut s'élever, à environ demi pour cent, sur le montant brut des transactions. Ces impôts le font opérer faussement; tandis que s'ils étaient remplacés par un impôt de demi pour cent, sur le montant de ces mêmes transactions, et prélevés sur les cinq pour cent destinés au fonds de réserve, ils seraient alors véritablement calculés par le commerçant et l'industriel, ils seraient mieux perçus en proportion de ses affaires et ne deviendraient plus une charge pour lui, parce qu'il les calculerait sur toutes ses transactions et assurerait mieux ainsi ses bénéfices. C'est encore en cela que se rencontrerait l'égalité du raisonnement, et par conséquent l'égalité des bénéfices, en proportion du travail, quelle que soit d'ailleurs l'intelligence de chaque citoyen.

L'industriel et le marchand en gros ont besoin d'une assurance contre les pertes venant des faillites, et cette assurance se trouve encore naturellement pour lui dans son fonds de réserve, les pertes en moyenne pouvant s'élever de un à un et demi pour cent sur la somme des affaires faites en gros par le commerce des tissus, etc. Ainsi, un et demi pour cent lui seraient payés annuellement au 31 décembre, et seraient distraits de son fonds de réserve pour lui être remis; ils seraient calculés sur le montant brut de ses transactions; son capital de retraite se grossirait encore assez vite, car il lui resterait net trois pour cent, et il serait ainsi certain de sa gestion.

Le prélèvement des cinq pour cent sur toutes les transactions serait réparti comme suit :

0 50 c. pour cent, applicables aux impôts ;
1 50   pour cent, applicables au remboursement des pertes ;
3   pour cent, applicables au fonds de réserve ;
_____
5   pour cent au total.

Rien n'est plus simple à établir, et jamais rien de meilleur ne sera trouvé pour amener la prospérité générale.

Il faut donc par une loi sur l'organisation des bénéfices du travail assurer au travailleur, à l'industriel et au commerçant, la possibilité de se faire une position presque malgré lui, et au travailleur ouvrier les moyens d'arriver plus vite à l'aisance, en lui laissant la faculté de participer aux bénéfices du commerce, s'il le désire, et s'il se conduit de manière à se créer une réserve. Vous élevez ainsi la civilisation, vous n'attaquez aucunement le droit fraternel, qui doit faire respecter toutes les situations de fortunes quelles qu'elles soient. Etablissez, si vous le croyez bon, des impôts un peu progressifs, mais combinés sagement et basés sur celui qui possède réellement, et non établis sur le titre de propriétaire seulement, car à ce titre beaucoup de gens qui paraissent posséder, ne possèdent très souvent presque rien, parce qu'ils n'ont point acquitté le prix de leur propriété.

FINANCES : { FONDS DE RÉSERVE. / PUISSANCE RÉPUBLICAINE.

La réserve populaire est donc une caisse d'épargne immense, dont les comptes particuliers sont établis par commune ou par arrondissement. Le foyer de production, pour toute la France, est le trésor public, et l'État, sa garantie.

Quoi de plus certain pour la puissance de la République, et de meilleur pour la garantie de ses enfants ?

La République, avec ce contrat social, devient la mère du peuple, moralement et physiquement, et cela est si vrai, que quelques mois d'application seulement, suffiront pour la rendre la plus riche du monde. Par ce contrat, la République prend à cœur l'avenir de tous; elle augmente par cela même sa force, qui demeure invariablement basée sur la confiance du peuple; elle empêche le retour de toute crise financière, et assure partout le travail régulier et la prospérité publique. Elle ne pourrait elle-même faire valoir tous les capitaux qui afflueraient dans ses coffres ; elle serait obligée de placer en immeubles beaucoup de fonds de réserve. — En ouvrant un compte à chacun de ses enfants travailleurs, elle réalise par cela même *la seule banque unique et possible* aujourd'hui , comme je l'avais déjà demandé par un projet de banque nationale , adressé au citoyen Garnier Pagès ; en lui signalant les inconvénients de la hiérarchie des banques, leurs points vicieux et le mal qu'elles produisent. La République pourrait sans efforts , par sa seule puissance financière, mobiliser toutes les valeurs , et se rendre aussi impérissable que florissante. Que dis-je ? il n'y a point de mot pour exprimer son degré de prospérité puisqu'il n'y a point dans le monde de position semblable. Cette puissance peut être obtenue par *l'organisation des bénéfices du travail* , et non point par l'organisation libre du travail, qui ne peut être considérée que comme un beau rêve et qui devient par cela même impossible, pour en faire l'application dans un système général.

Il ne faut rien de plus que de protéger l'industrie par ce contrat, pour sauver en peu de mois les finances et le pays. *L'organisation libre du travail* ne serait rien de moins que la *désorganisation* de tous les intérêts sociaux ; ce serait, comme je l'ai fait voir plus haut, l'anarchie même du travail; ce serait comme un État sans gouvernement; ce serait comme une république sans lois.

Le rentier et le capitaliste ont toujours mis le pays dans l'embarras ; ils n'ont jamais eu et n'ont point encore confiance en l'État, puisqu'ils cherchent à retirer leurs fonds avec une perte énorme. Eh bien ! l'industrie et le commerce peuvent seuls les remplacer en peu de temps, et accepter leur créance, la liquider, et faire encore à l'Etat, une bonification de trois pour cent d'intérêts sur la dette entière; ils peuvent offrir ainsi, comme je l'ai déjà dit, une économie annuelle pour l'Etat, d'environ cent cinquante millions. Maintenant, qui pourrait s'aviser de vouloir contester les droits que pourraient avoir l'industrie, le commerce et enfin tous les travailleurs, à la reconnaissance du pays sans exception, et de contester aussi le bienfait d'une organisation juste, qui donne également *des garanties* à tous, et qui ne froisse et ne déplace aucun intérêt particulier ?

RÉSUMÉ.

Pour rassembler tous les travailleurs dans une même organisation productive, il faut donc s'appuyer sur le possible d'une association bienfaisante, utile, morale, facile à appliquer, et dans laquelle on puisse trouver une garantie positive pour l'exécution des lois, de la liberté et de la fraternité. Cette garantie se trouverait acquise par le vote du contrat social, basé sur mes principes. Il est impossible que par la volonté, ou par le raisonnement, une organisation sociale puisse avoir assez de force, quelle que soit d'ailleurs son utilité; car il demeure bien prouvé qu'il existe des citoyens, dont l'intelligence ne leur permet pas de savoir toujours ce qu'ils ont de mieux à faire pour leur intérêt particulier.

Comprendre dans un même cadre, et sous une même organisation, les plus belles intelligences et les plus faux raisonnements. Faire que le bon père de famille ne puisse être exploité pour son travail, par le paresseux ou par le fripon, et que le fripon lui-même ne puisse se soustraire à une garantie pour ses actes futurs; n'est-ce pas là créer *l'association par excellence*, et résoudre, comme moralité, unité, fi-nances, fraternité, garanties générales, prospérité et production assurée, le plus grand problème d'organisation sociale.

Citoyen Louis Blanc, mon amour pour le bien public est basé sur mes principes naturels de justice et de philanthropie; je sens depuis longtemps quels sont les be-soins de ma patrie, et si je crois toujours pouvoir les bien comprendre, dans un but légal, honnête et patriotique à la fois; c'est parce que mon cœur ne s'est jamais ému, qu'à l'aspect de ce qui m'a paru beau et juste.

Quoiqu'il en soit du peu que je puisse faire, c'est à ma patrie que j'offre mon travail, en le faisant parvenir à vous-même. Je vous demande un simple accusé de réception.

FLEURY,

INDUSTRIEL ET NÉGOCIANT.

Paris, le 24 mars 1848.

Appel est fait pour la publication de ces principes, qui devront être votés par l'Assemblée constituante, à tous les Citoyens qui possèdent les sympathies et la vertu républicaines, qui respectent le droit individuel, veulent l'exécution des lois, et commandent la fraternité.

Une liste est ouverte, pour recevoir les dons destinés à la publication *gratis* et par toute la France, de ce Contrat social, *chez les Citoyens* JULES-JUTEAU ET C°, *imprimeurs, passage du Caire,* N° 96, *à Paris.*

(AFFRANCHIR.)

PRIX DE REVIENT D'UN EXEMPLAIRE, 35 CENTIMES,
(*Pour les* 300 *premiers tirages.*)

N'ayant pas eu de réponse du Citoyen Louis Blanc, je me suis décidé à faire publier mes principes, et à supporter d'avance les premiers frais de publication, croyant bien que mon appel patriotique trouvera de l'écho dans toute la France.

Paris, 8 Avril 1848.

Imprimerie de JULES-JUTEAU et C°, rue Saint-Denis, 345.

ORGANISATION

DU

BÉNÉFICE DE L'IMPOT.

L'impôt serait un bienfait.

L'organisation de l'impôt est liée à l'organisation des bénéfices du travail et ne peut en être séparée.

La protection qui est due aux agriculteurs, au commerce de produits alimentaires et à tous autres genres de commerce est aujourd'hui reconnue, aussi rigoureusement nécessaire qu'elle l'est pour l'industrie; mais avec cette différence dans l'application, qu'elle doit tendre à faire réduire le prix des aliments, plutôt qu'à le faire augmenter; c'est pour cela que je crois pouvoir expliquer et prouver, que l'impôt sur l'agriculture, le commerce des aliments et autres produits non manufacturés peut devenir un bénéfice pour ceux qui exploitent le commerce de ces mêmes produits; ils auraient, selon moi, une part très active au bénéfice de cette organisation, en ce que le commerce et tous les travailleurs en général, pourraient, presque à eux seuls, payer sur leur réserve, la somme nécessaire pour suffire aux besoins du trésor; soit par exemple en payant l'impôt progressivement de 50 cent. à 1 fr. 50 cent. pour cent francs sur le montant des salaires et des transactions générales, ce qui élèverait progressivement aussi l'impôt de dix jusqu'à trente pour cent, sur le montant des fonds de réserve.

Ainsi, tous les travailleurs ouvriers et marchands de produits manufacturés, paieront l'impôt sur le montant de leur fonds de réserve seulement, comme je l'ai déjà établi, par l'organisation des bénéfices du travail.

L'impôt du fermier, l'impôt de la valeur locative, l'impôt sur les commerçants qui ne font point le commerce de produits manufacturés, sera perçu comme il l'est encore aujourd'hui, mais avec cette différence, que le montant de l'impôt ordinaire, sera porté au crédit du compte de réserve de chaque citoyen, et assimilé au produit qui est porté au compte de tous les travailleurs.

Un tarif progressif sera établi, pour être appliqué à percevoir l'impôt sur le produit de la propriété et sur le produit de tous les fonds de réserve sans exception.

L'impôt sur la propriété sera entièrement acquis à l'État et ne pourra jamais former de fonds de réserve.

Il n'y aura point d'exception pour la perception de l'impôt; le propriétaire sera assimilé au locataire quant à l'impôt sur la valeur locative, et au fermier quant à l'exploitation.

Tous les fonds de réserve seront balancés annuellement, par la différence qui existera, entre la somme résultant au débit, de l'impôt perçu pour l'année courante, et la somme résultant au crédit, des fonds versés pour le fonds de réserve; il est clair que l'impôt deviendra un bénéfice acquis à chaque citoyen, soit de 90 pour cent sur le montant de la somme versée dans la caisse du percepteur, quand la perception de l'impôt progressif ne sera perçue qu'à raison de 10 pour cent sur le versement de l'année courante ; soit aussi de 70 pour cent de bénéfice sur les sommes versées annuellement, quand l'impôt à percevoir sur le produit de la réserve s'élèvera progressivement à 30 pour cent.

Dans le premier cas, le bénéfice forcé sur l'impôt sera de 90 pour cent sur l'état de choses actuel ; dans le second cas, il sera encore de 70 pour cent d'économie pour le citoyen qui l'aura versé.

C'est donc précisément dans cette économie forcée que je mets la richesse de l'État, car l'État aurait à sa disposition plus de milliards dans un an qu'il ne pourrait en obtenir par cinquante années d'économies, et par conséquent par cinquante années de misère pour tous. Le bienfait de l'impôt serait général èt continuel dans tous les temps.

L'impôt sur le luxe, *aussi juste que productif*, serait résolu, et avec un avantage inespéré, car la simplicité du mode de perception n'occasionnerait point de nouveaux frais pour le percevoir.

La perception de l'impôt, en général, serait aussi simple à établir que facile à vérifier pour tous les citoyens.

Quand il s'agit de toucher aux rouages de l'impôt, il faut être fort de la moralité et de la justesse d'un principe pour oser le proposer ; car cette question, entre toutes, est la plus grande et la plus difficile à résoudre, en ce qu'elle touche tous les intérêts à la fois, et peut renverser un gouvernement, si l'application en est mauvaise, comme elle peut aussi le protéger et le faire grandir, si les nouveaux rouages que l'on fait mouvoir sont posés sur des principes justes, non équivoques, et plus forts en cela que les premiers, par leur justesse dans l'application ; je le répète, les plus grands malheurs pourraient résulter d'une combinaison fausse et erronée, qui trouverait à blâmer partout, qui voudrait protéger des intérêts particuliers, qui viendrait, à tort ou à raison, changer, supprimer et abolir à l'instant même tous les impôts indirects, sans réfléchir et sans vouloir examiner qu'il faut de grandes ressources à l'État pour qu'il puisse faire de grandes choses, et pour qu'il puisse enfin assurer le travail et amener la prospérité pour tous.

L'organisation des bénéfices de l'impôt est donc un bienfait pour tout le monde ; elle n'est, du reste, que la conséquence de l'organisation sur les bénéfices du travail, qui peut être considérée, dans son application, comme un impôt indirect, dont la plus forte partie serait supportée involontairement par le luxe ; mais avec cette différence, que les impôts directs et indirects perçus aujourd'hui ont été créés par l'égoïsme et la domination ; car, autrefois, ceux qui les ont trouvés et appliqués, n'ont point été mus en cela par des idées philanthropiques ; ils n'ont cherché qu'à s'enrichir, en même temps qu'ils enrichissaient l'État, et n'ont point pensé à faire de bien au peuple. L'histoire nous prouve que la soif du pouvoir a toujours agité des ambitieux, qui se sont moins occupés à chercher les moyens de soulager les masses qu'à retenir dans leurs mains ce qu'il leur fallait pour dominer matériellement.

Jusqu'ici, les impôts ont fait la force des gouvernements et la misère des peuples, tandis qu'ils auraient toujours dû faire la force universelle de la nation, si on leur avait donné une direction juste, productive et toute fraternelle, par l'accomplissement de bons principes d'organisation.

En offrant mon travail à mes concitoyens, j'ai cru leur témoigner mon patriotisme et pouvoir expliquer, que les impôts, au lieu d'être une charge, peuvent devenir un soulagement pour tous les citoyens, et peuvent aussi donner à la propriété une garantie générale pour la sécurité et la conservation de l'ordre, qui reposent sur le crédit ; j'ai cru pouvoir expliquer enfin, que les impôts peuvent être appliqués en sens inverse de ce qu'ils sont encore aujourd'hui ; c'est-à-dire que d'une charge qui pesait lourdement sur le peuple et qui l'accablait, je voudrais qu'il en fût créé un bénéfice et qu'il en ressortît un bienfait ; et c'est ce qui arrive avec cette organisation si l'on veut suivre le travailleur·depuis l'ouvrier fileur jusqu'au grand négociant, et depuis le berger jusqu'au ministre ; dans le premier cas, l'impôt, avant d'arriver à l'État, produit au moins quatre bénéfices, et protège l'avenir de quatre travailleurs, en laissant à chacun d'eux un peu de gain pour former un fonds de réserve, et comme suit : 4° à l'ouvrier fileur ; 2° au filateur ; 3° à l'industriel fabricant ; 4° au marchand de ce même produit, et de même pour toutes les industries.

Dans le second cas, l'impôt protège tous les employés par une économie forcée et inaperçue pour eux, de 40 pour cent, sur le produit de leur salaire, moins l'impôt perçu progressivement, sur ces 40 pour cent économisés.

Partant, la même organisation régit tous les intérêts ; c'est la même protection pour tous, la même progression de produit, et la même progression d'impôt, suivant ses moyens pécuniaires, suivant sa fortune, suivant son emploi, et enfin suivant son travail. Je croirai toujours que, pour créer une organisation, rien n'est bon, rien n'est juste, rien n'est durable, et rien n'a de force, sans une base qui réunisse les mêmes qualités et qui protège à la fois tous les intérêts ; car, pas un intérêt ne doit être méconnu, pas un ne doit être négligé.

Par l'organisation des bénéfices du travail, réunie à l'organisation des bénéfices de l'impôt, la protection est la même pour tous ; il y a mieux : l'incapacité même et l'imprévoyance sont élevées en quelque sorte au niveau de la capacité et de l'intelligence pour se créer un avenir.

Si, par cette organisation, le travailleur commerçant peut faire en peu de temps son avenir, il faut considérer que le même bienfait se reporterait aussi sur l'ouvrier travailleur ; car, plus le travailleur commerçant se retirerait promptement des affaires, et plus facilement aussi l'ouvrier pourrait devenir commerçant.

C'est donc *une garantie* aussi, *pour le capital intelligence.*

Quand l'aisance s'acquiert facilement, il n'est pas rare de voir un commerçant accepter pour son successeur le citoyen qui possède seulement le capital de l'intelligence et de la moralité, tandis qu'à cette époque et dans les circonstances actuelles, où l'industrie n'a point de protection, ce qui fait exiger forcément d'autres garanties, ce sont les chemins épineux qui se rencontrent dans les affaires, et dans lesquels souvent, vont s'abattre et périr si malheureusement les plus belles sommes d'intelligence et de capacités.

Les économistes disent qu'il faut réduire l'impôt pour que le peuple soit à l'aise et pour qu'il puisse vivre un peu mieux, et ils croient que c'est le seul moyen de soulager les travailleurs.

Je crois pouvoir assurer, que le salaire de l'ouvrier sera toujours relatif à sa dépense, et qu'à moins d'une économie forcée, il viendra toujours de lui-même réduire le prix de son travail dans les moments nécessiteux, et qu'ainsi, en faisant descendre le prix de tous les objets imposés indirectement, on fait descendre aussi le prix du travail, sans faire aucune économie pour l'ouvrier, qui n'est nullement organisateur, et qui se contente le plus souvent de vivre, sans penser à l'avenir.

Je repousse donc les économistes, les socialistes et autres, avec leur demi-mesure et leur demi-organisation, s'ils n'ont point d'autres garanties à offrir, pour créer universellement un avenir aux travailleurs ; l'ouvrier est naturellement imprévoyant, et ne sera jamais heureux, à moins d'une économie forcée et qui ne lui enlève point le nécessaire.

La civilisation n'arrive que par l'aisance, et si l'aisance ne peut arriver, point de civilisation.

L'avenir du travailleur, c'est la prospérité du pays, et la prospérité du pays, c'est le crédit, c'est la richesse du Trésor ; l'économiste, au contraire, veut diminuer les ressources du Trésor ; il compromet donc l'avenir du pays, en paralysant les capitaux ; car, plus il y aura de bénéfices perçus sur le même produit, plus il y aura de virements de capitaux, et plus la prospérité sera grande pour tous les citoyens. Quelle est donc l'organisation dans ce cas qui pourrait offrir autant de garanties que celle-ci pour activer les bénéfices et le revirement qui en résulte ? Quelle est la situation de toutes les fortunes et de toutes les positions sociales, aujourd'hui que la circulation de toutes les valeurs est ralentie et presque nulle, et que les citoyens sont devenus depuis peu de temps très économes ? Évidemment, la position est des plus mauvaises pour tout le monde, et, ce qui l'a rendue mauvaise, c'est sans contredit le manque de circulation du numéraire et de toutes les valeurs.

Que vous ont encore dit les saint-simoniens, les communistes, les libres-échangistes, les financiers et autres organisateurs du travail et des finances ; ont-ils pu créer jusqu'ici, une organisation pour le bien-être général ? non ! Ont-ils fait quelque chose qui ait eu de la durée, de la force, et qui ait pu supporter fièrement les revers, en protégeant également et en tous temps tous les citoyens ? non !... Eh bien donc, que veulent-ils faire avec leurs systèmes, leurs méthodes, leurs économies, leurs banques commerciales, vicieuses, partielles, dépendantes les unes des autres, et dont l'organisation hiérarchique produit le mal plutôt que le bien.

Une organisation partielle devient toujours mauvaise pour le pays ; elle n'offre ni protection, ni bénéfice, et la première crise peut la renverser ; un système vicieux ne peut avoir de force, et une organisation partielle étant vicieuse et injuste pour quelques-uns ne saurait exister, parce qu'elle ne peut pas rassembler en elle assez de forces, ni assez de garanties.

Pourquoi les lois ont-elles de la force et pourquoi combat-on pour les conserver ? c'est évidemment, parce qu'elles protègent également tous les citoyens, et non point une partie des citoyens.

Quand il sera reconnu et bien établi, que l'industrie et le commerce sont *la seule source rapide* de force et de prospérité pour la France, il ne sera plus possible de méconnaître le rôle que les instruments de cette source sont appelés à remplir.

Je viens donc avec confiance proposer : qu'il soit créé une chambre purement commerciale et industrielle, et d'y faire appeler sérieusement par l'élection, les représentants de l'industrie, de l'agriculture, du commerce de terre et de mer, et des arts et métiers ; c'est dans cette chambre organisatrice seulement que les intérêts de la France entière pourront être représentés sûrement, et seront expliqués avec succès.

Les représentants seront au nombre de 258, c'est-à-dire trois par département ; je crois qu'un plus grand nombre serait inutile et ralentirait les délibérations.

Les représentants seront spéciaux dans tous les genres d'industrie ; ils seront choisis comme suit : un industriel fabricant, un marchand et un ouvrier pour le même produit ; ces trois représentants pour la même industrie ne pourront être choisis dans le même département.

Chaque électeur ne pourra choisir son représentant que dans le citoyen spécial, faisant le même genre de travail que lui-même.

Les représentants de la chambre industrielle seront rétribués ; ils seront choisis et élus pour leur spécialité de travail ou de commerce, dans les départements où cette spécialité aura le plus d'intérêts à représenter.

Un tableau sera dressé pour faire connaître toutes les industries par département, et le chiffre de leur production en sera établi.

FLEURY,

Industriel et Négociant.

Paris, le 15 Avril 1848.

Imprimerie de Jules-Juteau et Cᵉ, rue St-Denis, 345.

EXTRAIT DU MÉCANISME RÉGULIER DE L'ORGANISATION DES BÉNÉFICES DU TRAVAIL ET DE L'IMPOT.

TARIF progressif applicable aux Produits et Revenus.	1re Série : Commerce et Industrie.					2me Série : Ouvriers et Employés.				3me Série : Fermages, Valeurs Locatives et Patentes sur le commerce des aliments.				NUMÉROS DES COMPTES.
	MONTANT des transactions faites dans une année sur les objets manufacturés.	PRODUIT à 5 pour 0/0 sur le montant des transactions d'un an.	IMPOT prélevé sur le produit.	ASSURANCE 1 et 1/2 pour 0/0 applicables aux pertes.	FONDS de réserve acquis aux comptes des commerçants et industriels.	PRODUIT du montant des salaires payés dans une année.	VERSEMENS à 10 pour 0/0 sur le montant des salaires.	IMPOT prélevé sur le versement.	FONDS de réserve acquis aux comptes des ouvriers et employés.	PRODUIT actuel comme revenu foncier de la valeur des loyers et fermages.	MONTANT supposé des patentes actuelles. Et pour toutes les valeurs locatives, impôt supposé à 10 pour °/₀.	IMPOT réel qui serait perçu à l'avenir.	FONDS de réserve acquis aux comptes de la 3e Série.	
1	2	3	4	5	6	7	8	9	10	11	12	13	14	
F. C. pour cent.	F. C.	F. C.	F. C.	F. C.	F. C.	F. C.	F. C.	F. C.	F. C.	F. C.	F. C.	F. C.	F. C.	
1	1,000 »	50 »	» 50	15 »	34 50	50 »	5 »	» 5	4 95	50 »	5 »	» 5	4 95	1
2	2,000 »	100 »	2 »	30 »	68 »	100 »	10 »	» 20	9 80	100 »	10 »	» 20	9 80	2
3	5,000 »	250 »	7 50	75 »	167 50	250 »	25 »	» 75	24 25	250 »	25 »	» 75	24 25	3
4	10,000 »	500 »	20 »	150 »	330 »	500 »	50 »	2 »	48 »	500 »	50 »	2 »	48 »	4
5	20,000 »	1,000 »	50 »	300 »	650 »	1,000 »	100 »	5 »	95 »	1,000 »	100 »	5 »	95 »	5
7	40,000 »	2,000 »	140 »	600 »	1.260 »	2,000 »	200 »	14 »	186 »	2,000 »	200 »	14 »	186 »	6
9	70,000 »	3,500 »	315 »	1,050 »	2,135 »	3,500 »	350 »	31 50	318 50	3,500 »	350 »	31 50	318 50	7
11	100,000 »	5,000 »	550 »	1,500 »	2,950 »	5,000 »	500 »	55 »	445 »	5,000 »	500 »	55 »	445 »	8
13	150,000 »	7,500 »	975 »	2,250 »	4,275 »	7,500 »	750 »	97 50	652 50	7,500 »	750 »	97 50	652 50	9
15	200,000 »	10,000 »	1,500 »	3,000 »	5,500 »	10,000 »	1,000 »	150 »	850 »	10,000 »	1,000 »	150 »	850 »	10
17	300,000 »	15,000 »	2,500 »	4,500 »	7,950 »	15,000 »	1,500 »	255 »	1,245 »	15,000 »	1,500 »	255 »	1,245 »	11
19	500,000 »	25,000 »	4,750 »	7,500 »	13,250 »	25,000 »	2,500 »	475 »	2,025 »	25,000 »	2,500 »	475 »	2,025 »	12
21	1,000,000 »	50,000 »	10,500 »	15,000 »	24,500 »	50,000 »	5,000 »	1,050 »	3,950 »	50,000 »	5,000 »	1,050 »	3,950 »	13
24	2,000,000 »	100,000 »	24,000 »	30,000 »	46,000 »	100,000 »	10,000 »	2,400 »	7,600 »	100,000 »	10,000 »	2,400 »	7,600 »	14
27	4,000,000 »	200,000 »	54,000 »	60,000 »	86,000 »	200,000 »	20,000 »	5,400 »	14,600 »	200,000 »	20,000 »	5,400 »	14,600 »	15
30	6,000,000 »	300,000 »	90,000 »	90,000 »	120,000 »	300,000 »	30,000 »	9,000 »	21,000 »	300,000 »	30,000 »	9,000 »	21,000 »	16
35	10,000,000 »	500,000 »	175,000 »	150,000 »	175,000 »	500,000 »	50,000 »	17,500 »	32,500 »	500,000 »	50,000 »	17,500 »	32,500 »	17
40	20,000,000 »	1,000,000 »	400,000 »	300,000 »	300,000 »	1,000,000 »	100,000 »	40,000 »	60,000 »	1,000,000 »	100,000 »	40,000 »	60,000 »	18
f°s 9 et 13.		f° 5.	f°s 9, 13 et 14.	Voy. f° 9.	f°s 4, 13 et 14.		f° 5.	f°s 13 et 15.	f°s 13 et 15.			f° 13.	f°s 13 et 14.	

Exemple du Compte n° 7. — 1re Série.

Affaires, 70,000; tarif, 9 p. °/₀ sur 3,500. — DOIT :
Impôt prélevé à 9 p. °/₀ sur 3,500 »..... 315 »
Payé pour assurance sur les pertes...... 1,050 »
Porté en compte au fonds de réserve.... 2,135 »
            3,500 »

AVOIR :
Produit des affaires, 3,500 »
         3,500 »
Réserve acquise... 2,135 »

Exemple du compte n° 3. — 3e Série.

Fermage 250 fr.
DOIT :
Impôt, 3 pour °/₀ sur 25 fr.......... » 75 c.
Bénéfice sur l'impôt actuellement supposé 24 25
       25 »

AVOIR :
Impôt actuel......... 25 »
      25 »
Réserve acquise...... 24 25

Nota. Pour connaître l'impôt d'après ce tableau, voyez le tarif progressif de perception, colonne 1, et les produits d'après lesquels l'impôt est déterminé, colonnes 3, 7 et 11.

La perception sur la valeur des produits est toujours fixée par le taux du tarif, colonne 1; elle ne peut être prélevée en raison de tant pour cent que sur le montant de la somme versée dans l'année; ...rès le prélèvement de l'impôt sur cette somme, l'excédant en est acquis au fonds de réserve du citoyen compris dans l'une des trois séries.

Le même tarif est applicable au net produit de la propriété, déduction faite des rentes hypothécaires; ces rentes viendront aussi supporter l'application du tarif, mais diminueront d'autant l'impôt du ...opriétaire. Voyez fol. 9.

On ne doit imposer que le droit de revenu en effet et non en perspective; le tarif de perception doit être unique pour le net de tous les produits.

L'impôt foncier est entièrement acquis à l'État, et ne peut former de fonds de réserve. Fol. 13.

BASE UNIQUE.

LA JUSTICE POUR TOUS, ET POUR TOUS LA MÉME PROTECTION

(f⁰ˢ 15 et 17, col. 6, 10 et 14.)

Agriculture. — Différence comparée pour l'impôt du fermier, ce qu'il paie, soit le contenu de la col. 12, et ce qu'il paierait par cette organisation, col. 13.

Aliments. (Commerce d') — La même différence est établie pour l'impôt qui produit aux citoyens de cette série, les 9/10ⁿˢ d'économie au moins sur le montant de l'impôt actuel.

Assurances. — Contre les pertes commerciales, f⁰ 9 et f⁰ 17, col. 5.

Banque unique. — Tenue par l'État *et directe avec l'industriel et le commerçant,* f⁰ 10 et 16. — Elle n'a jamais été possible et devient cependant facile à établir par l'affluence des capitaux, f⁰ 17, col. 4, 6, 9, 10, 13 et 14.

La chute d'une banque particulière de premier ordre occasionne des malheurs infinis, et ces malheurs peuvent encore se renouveler chaque jour, malgré la réunion des banques départementales à la banque de France, qui ne reçoit pas les effets à deux signatures et qui n'est en rapport qu'avec les banquiers bien connus, car une banque de premier ordre escompte des effets de commerce à un grand nombre de commerçants et de petits banquiers, ceux-ci font eux-mêmes la banque à un grand nombre de petits commerçants et industriels qui occupent beaucoup d'ouvriers, en sorte que la suspension d'une forte maison de banque, non seulement ruine beaucoup de capitalistes, mais encore est cause de la ruine de milliers de commerçants et industriels qui mettent eux-mêmes des milliers de familles ouvrières dans la misère. De là peut s'ensuivre des commotions politiques qui attaquent toutes les positions sans exception.

Critiques. — Sur l'organisation donnée jusqu'ici aux sociétés de travailleurs en général, f⁰ˢ 1, 2, 3, 16 et 22.

Élection. — D'une chambre commerciale, ses occupations, sa nécessité absolue et son organisation, f⁰ 16.

Garantie du travail. — Par l'économie dans nos finances; économie de 150 millions d'intérêt annuel et plus, f⁰ 7; ces 150 millions pourraient être appliqués en primes d'encouragement à l'exportation.

— Par la richesse de l'État qui ramène la confiance, f⁰ 17, col. 4, 6, 9, 10, 13 et 14.

— Par la difficulté de placer l'argent dans l'État, en sorte que le numéraire refluerait forcément vers l'industrie qui n'existe que par les capitaux.

Garantie du crédit. — Auprès de la banque unique, qui serait nantie avant de faire ses avances, du fonds de réserve de chaque citoyen, f⁰ 4 et f⁰ 17, col. 6, 10 et 14.

Garantie du crédit commercial. — Par la possession du fonds de réserve dont la partie libre après le privilège de la banque unique, serait remise, en cas de faillite, aux créanciers du citoyen failli, f⁰ 5.

Garantie pour le capital intelligence. — F⁰ 15

GARANTIE OFFERTE PAR L'ÉTAT— A tous les citoyens qui peuvent convertir leur réserve en immeubles, f° 4, 3° article du contrat.

Cette garantie n'a jamais été obtenue sous aucun gouvernement et n'a point été possible avec les systèmes financiers connus jusqu'alors.

INDUSTRIE. — Sa nécessité pour le pays, sa beauté et sa force, f°⁸ 8 et 16, ses charges et les dangers qui la suivent, f° 8.

IMPÔT. —Établissement de l'impôt sur les objets manufacturés, f° 4, voir le contrat, f° 6, 1ᵉʳ alinéa.

—Contribution progressive dans les charges de l'État, en proportion des fruits de son travail. — En proportion de son économie (ce qui n'a jamais eu lieu jusqu'ici), f° 17, col. 3 et 8. —En proportion de sa fortune, f° 17, col. 3, pour le revenu net, et col. 1 pour le tarif progressif, et en proportion de son loyer d'habitation, col. 13.

—Il est facile à percevoir, en ce qu'il ne s'exerce que sur un produit assuré, f° 17, col. 3, 8, et 12, il est reçu à l'avance des séries 1 et 2, dans lesquelles l'impôt sur le luxe, *aussi juste que productif*, se trouve compris et résolu sans aucun frais; car plus les objets seraient élevés de prix, plus ils produiraient à l'État indirectement, par la vente faite au luxe et à la richesse, de ces mêmes objets qui sont par eux-mêmes, frappés indirectement d'un impôt, f°⁸ 5 et 6.

IMPÔT. — Il devient applicable sur toutes les transactions faites à la Bourse, soit par exemple un pour cent sur le montant du capital; il produirait ainsi un revenu considérable à l'État, car par la combinaison de cette organisation, l'État n'emprunterait plus, et puisque ses revenus pourraient varier à volonté comme son tarif de perception, il ne dépendrait plus des prêteurs d'argent, et il pourrait au contraire, presque immédiatement, les rembourser avec le montant des impôts et d'une partie seulement des fonds de réserve, f° 10 et f°⁸ 17, col. 4, 6, 8, 10, 13 et 14.

Il résulte de l'organisation juste et régulière de l'impôt : 1° un soulagement pour le contribuable et une économie assurée pour lui ; 2° la libération de l'État envers ses prêteurs ; 3° une économie annuelle de 150 millions au moins, f° 7 ; 4° un bénéfice énorme fait à la Bourse sur le jeu de la spéculation, ce qui ne pouvait avoir lieu quand l'État était assujéti au caprice du capitaliste, qui aurait pu par intérêt refuser ses capitaux à l'État, tandis qu'il faut au contraire, que l'État soit indépendant de toutes les positions particulières, et que de son côté le capitaliste puisse conserver toute sa liberté d'action.

Dangers d'une mauvaise organisation de l'impôt, f° 14, et du travail, f°⁸ 1, 2 et 6. —Des haines peuvent être suscitées par le manque d'ensemble et d'égalité de protection ; des difficultés sans nombre peuvent se rencontrer dans les moyens partiels pour organiser le travail ou pour faire payer des impôts extraordinaires, tandis que rien n'est plus simple et plus facile que la perception établie par un tarif progressif sur un produit réalisé et que l'État tient dans sa main avant de percevoir l'impôt, f° 17, col. 3, 8 et 12. — Il devient un moyen d'économie pour tous, f°⁸ 14 et 15, et f° 17, col. 6, 10 et 14.

IMMEUBLES. —Leur valeur augmentée par la conversion d'une partie seulement des fonds de réserve en immeubles, f° 4. Voyez le contrat et par suite, la difficulté de pouvoir en acquérir à cause de leur rareté, ce qui augmente encore la garantie du possesseur actuel.

ORGANISATION DES BÉNÉFICES DU TRAVAIL ET DE L'IMPÔT. — Elle laisse entièrement libre de se constituer toutes les organisations particlles, qui du reste ne peuvent avoir de durée ; elle ne veut que garantir la paix intérieure et assurer la prospérité publique ; elle prouve qu'elle atteint ce but. Elle permet la libre association entre toutes les industries et tous les citoyens, elle laisse enfin le génie de l'homme se développer à son aise, et ne force aucun citoyen à entrer comme esclave dans une association étroite qui pourrait comprimer d'heureuses idées, en assimilant l'action du travailleur à la fonction d'une machine qui ne se meut que par le commandement ; elle montre du doigt au contraire le but que peuvent atteindre le génie et le travail, par la protection matérielle et positive qui leur est réservée.

RICHESSES. — Arrivant au trésor avec facilité et laissant un bénéfice à tous les citoyens, f⁰ˢ 5, 9 et 14, et f⁰ 17, col. 4, 6, 9, 10, 13 et 14.

RENTES HYPOTHÉCAIRES. F⁰ˢ 9 et 17.

SOCIÉTÉS DE TRAVAILLEURS ET ORGANISATIONS PARTIELLES. — L'inconvénient de ces sociétés pour elles-mêmes, f⁰ˢ 6, 7, 10 et 16.

SALAIRE. — Sa fragilité qui dépend des évènements et qui l'empêche d'être une garantie pour l'avenir des travailleurs, f⁰ˢ 3, 6, 9 et 15.

RÉSUMÉ GÉNÉRAL.

L'existence de toutes les garanties qui peuvent faire le salut de la République, dépend uniquement de la combinaison d'un principe tout simple qui n'a pour base que la justice, et en vue que l'avenir de tous ; ce principe et toutes les garanties qui en résultent, ont besoin d'une protection sans laquelle la République ne peut elle-même acquérir son indépendance financière, et ne peut rassembler les capitaux pour les faire produire avec un avantage également grand pour tous. Je n'hésite pas à le déclarer, tout mon système résultant de l'impôt et des bénéfices assurés sur la production du travail des citoyens, ne peut être tourné ni changé quant à la pierre fondamentale sur laquelle il vient s'appuyer en même temps que tous les citoyens ; car le résultat de toutes les institutions et de toutes les garanties sociales sorties de ce principe et nées de mon travail, s'évanouiraient à l'instant.

La République ne peut être florissante qu'avec des capitaux, et la confiance ne pourrait renaître s'il fallait attaquer le droit pour rassembler la richesse dont la République a besoin.

La clef de la perception de l'impôt et de l'avenir des travailleurs et de tous, est donc entièrement dans la certitude que l'étranger ne pourra venir nous faire concurrence à l'intérieur avec des produits manufacturés ; le tarif de nos douanes sera augmenté de 10 p. % sur ces produits, l'étranger ne sera plus libre d'apporter francs de droits d'entrée, que les matières premières et les aliments dont le peuple a besoin pour son industrie et sa nourriture ; l'impôt deviendrait presque généralement indirect et se percevrait on ne peut plus facilement ; l'agriculture et le commerce seraient protégés par une économie certaine, car la production pourrait presque à elle seule supporter les impôts qui reposeraient indirectement aussi sur tous les citoyens, en proportion de leurs fortunes et de leur désir de briller ; aucun intérêt ne serait froissé, le peuple pourrait vivre avec plus d'aisance, car le travail serait assuré par la bonne position de l'industrie, et par la circulation rapide des capitaux qui laisseraient partout des bénéfices, les aliments deviendraient aussi extrêmement bon marché.

L'encouragement pour le travail et l'industrie serait immense, on pourrait regarder comme certain, que l'industrie française dont le génie actif a toujours manqué jusqu'ici de protection, arriverait à produire 15 p. % meilleur marché qu'aujourd'hui, par l'encouragement qui aurait lieu et par la réception des matières à bas prix. Notre marine marchande serait appelée la première à profiter doublement de cette organisation à cause de la prime répartie des 150 millions économisés sur les rentes, et répartie sur nos produits manufacturés pour les faire sortir de France.

Mon système d'économie sociale et de finances est donc complètement opposé au libre échange de toutes choses ; le libre échange à mon avis n'est admissible que pour les matières premières et les aliments.

Je ne prévois pas que des malheurs puissent arriver à cause de l'adoption de mes principes, parce qu'ils ont pour base la justice et la protection pour tous ; il m'est donc permis de dire sans crainte que tout le bien qui en découlerait ne peut pas ici être expliqué, je n'ai fait qu'un extrait qui a besoin d'être concis pour être promptement lu, compris et discuté.

Avant de terminer je dis un dernier mot pour répondre à l'un des systèmes d'organisation proposés pour les travailleurs, et publié dans le *Commerce* du 5 mai.

Mettre comme on le propose, le consommateur en rapport direct avec le producteur, est une chose impossible à cause de l'enchainement social, f° 8 ; cependant, s'il faut pour un moment laisser exister cette proposition, sachons bien que ce principe serait le déplacement de tous les intérêts, le renversement général de toutes les garanties sociales, et particulièrement du commerce en détail, qui est le plus nombreux, qui n'existe que par les transactions multipliées, et qui paie le plus d'impôts : Or il est probable que l'on n'a pas pensé aux impôts qui deviendraient écrasants pour les ouvriers travailleurs, car dans ce dernier cas, puisqu'il n'y aurait plus de marchands en détail, les ouvriers resteraient eux-mêmes chargés des patentes ; l'État a besoin de ressources et ce n'est pas aujourd'hui qu'il faut les diminuer, cependant si le commerce n'était plus possible parce que le nombre des transactions serait supprimé, que feraient tous ces marchands qui, bien entendu, ont aussi besoin d'exister, et qui composent plus des 19/20ᵉˢ de la population commerçante ? Rien !.... alors il faudrait qu'ils vécussent de rien, ou bien de charité publique, ou bien encore qu'ils se fissent ouvriers travailleurs. — Mais que deviendraient à leur tour les travailleurs ouvriers s'ils étaient forcés de supporter une partie des charges de l'État, et dans quel endroit pourraient-ils vendre le surcroît des produits fabriqués par les 19/20ᵉˢ de la population marchande ruinée et devenue ouvrière ?

C'est une singulière protection pour tous, que l'idée des bazars..... C'est une singulière organisation que celle-ci ; et chose plus singulière encore, c'est *le but*, le but que l'on veut atteindre, en courant par un chemin qui lui est opposé.

Sérieusement, je le demande, est-ce avec réflexion que l'on peut écrire ces choses, surtout quand on parle d'une organisation qui ferait déserter toutes les boutiques, qui ruinerait les propriétaires et les marchands, et de laquelle organisation, par une combinaison infinie, les dix-neuf vingtièmes de la classe marchande seraient encore exclus, faute de pouvoir trouver un moyen de protection assez étendu.

Si les preuves mathématiques étaient toujours à la conception de l'homme, ce que l'éloquence est au cœur humain, l'homme ne pourrait être influencé par l'éloquence, et les chiffres positifs seraient pour lui l'unique raisonnement sur lequel il voudrait construire ; mais il arrive qu'il en est autrement ; les paroles éloquentes dans bien des cas, peuvent seules persuader promptement, parce qu'elles plaisent à entendre, qu'elles n'exigent aucune application, aucun travail, aucun effort de l'intelligence, et parce qu'enfin elles touchent le cœur dont les fibres sont souvent plus parfaites et plus dociles que ne l'est l'intelligence ; car il faut bien le reconnaître, si l'homme s'arrête facilement aux idées qui lui plaisent d'abord sans réflexion et sans qu'il lui soit besoin d'avoir recours aux raisonnements mathématiques, il doit être conséquemment vrai que l'enthousiasme ne saurait avoir lieu, que par l'attrait de l'éloquence, et non point par les chiffres. Cependant, les choses trop embellies par des paroles, ne restent pas toujours dans l'état normal, et peuvent devenir à peu près idéales, surtout quand elles n'ont pas une base sérieuse, positive, et un point d'appui invariable pour le raisonnement ; c'est pourquoi, dans bien des cas, il ne peut rester de la seule éloquence des paroles, que le plaisir de les avoir entendues.

FLEURY,
INDUSTRIEL ET NÉGOCIANT.

Paris, le 5 Mai 1848.

Imprimerie de Jules-Juteau et Cᵉ, rue St-Denis, 345.